Sascha Path

Konflikte und Konfliktmanagement

GRIN Verlag

Bibliografische Information der Deutschen Nationalbibliothek:

Die Deutsche Bibliothek verzeichnet diese Publikation in der Deutschen National-
bibliografie; detaillierte bibliografische Daten sind im Internet über http://dnb.d-
nb.de/ abrufbar.

Impressum:

Copyright © 2009 GRIN Verlag, Open Publishing GmbH
Druck und Bindung: Books on Demand GmbH, Norderstedt Germany
ISBN: 978-3-656-00863-7

GRIN - Your knowledge has value

Der GRIN Verlag publiziert seit 1998 wissenschaftliche Arbeiten von Studenten, Hochschullehrern und anderen Akademikern als eBook und gedrucktes Buch. Die Verlagswebsite www.grin.com ist die ideale Plattform zur Veröffentlichung von Hausarbeiten, Abschlussarbeiten, wissenschaftlichen Aufsätzen, Dissertationen und Fachbüchern.

Besuchen Sie uns im Internet:

http://www.grin.com/

http://www.facebook.com/grincom

http://www.twitter.com/grin_com

Semesterarbeit

im Seminar Weiterbildungsmanagement (SoSe 2008)

Otto- von- Guericke- Universität Magdeburg
FGSE
Institut für Erziehungswissenschaft

Thema: *Konflikte und Konfliktmanagement (09. Mai 2008)*

eingereicht von:

Sascha Path

Magdeburg, 01.08.2009

Inhaltsverzeichnis

1. Einleitung _____ S. 03

2. Definition Konflikt / Konfliktmanagement _____ S. 04

3. Kategorisierung von Konflikten _____ S. 08

4. Konflikte im Unternehmen _____ S. 10

5. Eskalationsmodelle _____ S. 11

6. Auflösen / Nutzen von Konflikten _____ S. 14

7. Quellen _____ S. 16

1. Einleitung

Die nachfolgende Semesterarbeit soll das Referat zu "Konflikte und Konfliktmanagement" abrunden und das Thema noch weiter intensivieren. Dabei wird vor allem auf die Herausstellung der unterschiedlichen Definitionen der Begriffe Konflikt und Konfliktmanagement Wert gelegt. Weiterhin werden die Gefahren und Potentiale des Konfliktes erläutert, mögliche Lösungen aufgezeigt und abschließend ein Fazit sowie ein kritische Betrachtung dargelegt.

2. Definition Konflikt / Konfliktmanagement

Betrachtet man die Herkunft des Wortes Konflikt aus dem Lateinischen, so stellt man fest, dass die Übersetzung von confligere (= zusammenstoßen, kämpfen) schon ein gutes Bild dessen liefert, was einen Konflikt ausmacht. Offenbar bedeutet es das Aufeinandertreffen zweier unterschiedlicher Dinge oder Parteiungen. Man kennt Konflikte in den unterschiedlichsten Bereichen: Militärische Konflikte sind schon eine extreme Form, Konflikte im Zeitmanagement sind jedem wohl nur zu gut bekannt. Ein Ingenieur spricht von einem Konflikt zwischen einzelnen Bauteilen, wenn bei einer Gesamtkonstruktion zwei Teile denselben Raum beanspruchen. Wir wollen allerdings unser Augenmerk auf den Konflikt zwischen Menschen im allgemeinen Legen, da gerade dort das Managen von Konflikten, d.h. der Umgang mit ihnen am relevantesten für den Bereich der Erwachsenenbildung und des Personalmanagements sind. (vgl. Meyer 1997)

Dabei spielt es keine Rolle, ob sie sich auf der intrapersonalen, der gesellschaftlichen oder auf der(zwischen-)staatlichen Ebene abspielen. Konflikte sind im Allgemeinen eine Folge menschlichen Zusammenlebens und Sozialität. Außerdem stehen sie dem natürlichen Harmoniebewusstsein des Menschen entgegen und machen Unterschiede im Allgemeinen deutlich. Demnach ergeben sich während unserer Analyse unter anderem folgende Definitionen:

Definition nach Werner Stangl:

> *„Ein Konflikt ist, wenn zwei - meist soziale- Elemente gleichzeitig gegensätzlich oder unvereinbar sind. Ein Konflikt kann sich auf einzelne Personen beschränken (intrapersonell) aber auch mehrere Menschen (interpersonell) oder ganze Organisationssystem (organisatorische) umfassen. Konflikte sind Störungen, die den Handlungsablauf unterbrechen und belastend wirken."*

> (Werner Stangl, 2007)

In jedem Konflikt lassen sich idealtypisch drei Komponenten ausmachen: ein Widerspruch, d.h. eine Unvereinbarkeit von Zielen, Interessen bzw. Bedürfnissen, ein den Konflikt anzeigendes und allzu oft verschärfendes Verhalten (z.b. Konkurrenz, Aggressivität, Hass, Gewalt) der Konfliktparteien sowie eine auf den Konflikt bezogene und diesen – bewusst oder unbewusst – rechtfertigende Einstellung/Haltung. Diese ist eng verbunden mit den Wahrnehmungen und Annahmen der Konfliktparteien in Bezug auf ihre eigene Stellung im Konflikt, die Bewertung der anderen Parteien (z.b. Feindbilder) und ihre Vermutungen zu den Konfliktursachen.

Die drei Komponenten können im so genannten Konfliktdreieck anschaulich darstellt werden. Dieses weit verbreitete Werkzeug der Konfliktanalyse wurde von Johan Galtung entwickelt, einem der Mitbegründer der Friedens- und Konfliktforschung:

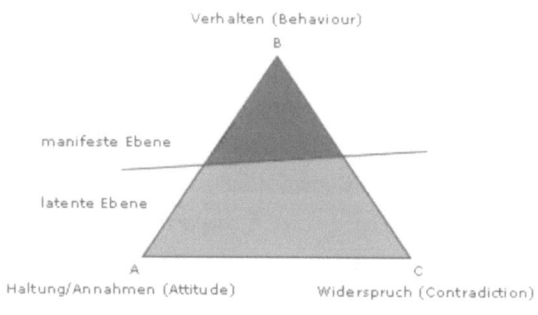

Konfliktdreieck nach Johan Galtung

Das Dreieck verdeutlicht den unauflöslichen Zusammenhang zwischen den drei Komponenten jedes Konflikts. Es wird erkennbar, dass ein "objektiver" Widerspruch allein nicht ausreicht, um einen Konflikt zu begründen. Mindestens eine Partei muss sich auch dieses Widerspruchs, konkret der Unvereinbarkeit ihrer Bedürfnisse, subjektiv bewusst sein und in ihrem

Verhalten und ihrer Haltung auf eine Veränderung der für sie unbefriedigenden Situation dringen.

Das Modell zeigt, dass eine gelingende Konfliktbearbeitung an allen drei Ecken ansetzen muss. So reicht es nicht aus, nur das Verhalten und die Haltung der Konfliktparteien zu verändern. Auch der Widerspruch selbst muss nachhaltig bearbeitet werden. Schließlich wird mit der Unterscheidung zwischen sichtbarer und unsichtbarer Ebene bewusst gemacht, dass wir von einem Konflikt meist nur ein entsprechendes Verhalten – oft verbale oder körperliche Gewalt – wahrnehmen, während die ihm zugrunde liegenden Widersprüche sowie Einstellungen und Annahmen zunächst im Dunkeln bleiben.

Definition nach Norbert Ropers:

„Konflikte sind eine unvermeidbare und für den sozialen Wandel notwendige Begleiterscheinung des Zusammenlebens in allen Gesellschaften. Sie sind ein Ausdruck von Spannungen und Unvereinbarkeiten zwischen verschiedenen, voneinander abhängigen Parteien im Hinblick auf ihre jeweiligen Bedürfnisse, Interessen und Wertvorstellungen. Zu gesamtgesellschaftlichen Krisen und destruktiven Eskalationen führen solche Auseinandersetzungen vor allem in Phasen tiefgreifender sozioökonomischer Veränderungen und politischer Transformation. Also dann, wenn es um die Neuverteilung von Lebenschancen und Partizipationsmöglichkeiten zwischen verschiedenen Gruppen geht".

(Vgl. Norbert Ropers 1995)

Natürlich kann es auch spezifische Definitionen geben, wie zum Beispiel innerhalb des Projektmarketings und Projektmanagements:

„Aufgrund der Neuheit und Einmaligkeit von Projekten treten während der Projektabwicklung mit großer Wahrscheinlichkeit Konflikte auf. In erster Linie sind bei Projekten organisatorische oder Inter-Rollen-Konflikte zu erwarten. Dies bedeutet, dass Organisationseinheiten oder Funktionsträger nicht miteinander vereinbare Maßnahmen durchsetzen wollen. Ein organisatorischer Konflikt liegt z.B. vor, wenn zur Projektbeschleunigung die vorgeschriebenen Qualitätsprüfungen nicht im vollen Umfang durchgeführt werden. Ein Inter-Rollen-Konflikt kann z.B. im gleichzeitigen Anspruch zweier Projektleiter auf eine Engpassressource bestehen."

(Konflikt, Definition im Projektmanagement-Glossar, 2008)

Es ist also unter anderem die Verschiedenartigkeit einiger Definitionen und Ansätze im Bereich des Konfliktes zu erkennen. Jedoch fußen die meisten auf den oben erwähnten drei Kernkomponenten, wodurch sich ein Konflikt auszeichnet. Die Divergenz in Bezug auf bestimmte Themen, u.a. das Projektmanagement, kann stark variieren. Jedoch hat ein Konflikt verschieden Möglichkeiten der Interpretation. Er macht Unterschiede in Auffassungen und Meinungen deutlich und grenzt bestimmte Ereignisse und Themen voneinander ab. Des Weiteren trägt ein Konflikt immer zu Veränderungen bei. Dies gilt sowohl für zum Beispiel Konflikte zwischen Völkern, als auch bei Konflikten in Unternehmen. Ein bewaffneter Konflikt unter Völkern zieht meist ein Abkommen nach sich, welches fast immer irgendeine Veränderung mit sich bringt.

Nicht zuletzt führen Konflikte in Organisationen desöfteren zu sich verändernden Machtverhältnissen oder Umstrukturierungen. Das gleich gilt für politische Kraftproben und Auseinandersetzungen.

3. Kategorisierung von Konflikten

Konflikte, egal welcher Art, sind eine natürliche Folge menschlichen Zusammenlebens. Sie müssen nicht immer ausschließlich negativer Natur sein. Allerdings stehen sie dem Harmoniebedürfnis, dass bei jedem Menschen unterschiedlich stark ausgeprägt ist, entgegen. Daher suchen die meisten Beteiligten in einem Konflikt möglichst nach einer Lösung desselben. Man kann festhalten, dass drei Kategorien zur Einteilung von Konflikten sinnvoll sind: 1. die Art des Konflikts, 2. das Gebiet/ das Feld des Konflikts und 3. der Lösungsansatz

1. Die Art des Konflikts

Ein Konflikt muss nicht immer gleich in offene Feindschaft münden. Konflikte sind Teil des Zusammenlebens zwischen Menschen. Ein Meinungskonflikt unter Kollegen muss noch nicht einmal etwas Negatives sein. Zivilisiert und nach den Formen des Anstands geführt, wird er sogar förderlich für alle Beteiligten sein. Natürlich gibt es intensivere Auseinandersetzungen. Zu erkennen im Kleinen häufig an der Veränderung des Tonfalls und der Wortwahl und am Heben der Lautstärke. Die schärfste Form des Konflikts dürfte wohl die Anwendung physischer oder psychischer Gewalt als Instrument der Konfliktführung/ -lösung sein.

2. Das Gebiet/ Feld des Konflikts

Zunächst lässt sich hier bestimmen, wie viele Menschen an dem Konflikt beteiligt sind: einzelne Personen, möglicherweise sogar nur eine einzige Person bei z.B. sog. inneren Konflikten, oder ganze Nationen oder Allianzen aus mehreren Staaten.
Die Gebiete der Konflikte sind so weitläufig, wie die Bereiche des menschlichen Daseins selbst. Daher Wollen wir hier nur exemplarisch einige Beispiele anführen. Wie bereits gesagt, kann selbst eine einzelne Person mit sich selbst in Konflikt treten, indem sie z. B. ihr Äußeres nicht mag oder sich

zwischen zwei Terminen nicht entscheiden kann. Treffen zwei Menschen aufeinander oder müssen sich miteinander abstimmen, tritt häufig ein Konflikt zwischen den Terminen der einzelnen Personen auf. Die Wahrscheinlichkeit für solch einen Konflikt nimmt natürlich mit der Anzahl der Beteiligten mit Terminen zu, erst recht, wenn es gilt verschiedene Lebensbereiche übereinander zu bekommen. Gerade im Arbeitsleben sind fachliche Konflikte oder Auseinandersetzungen keine Seltenheit. Verschiedene Arbeitsphilosophien, verschiedene Denkschulen, verschiedene Ausbildungen geben einen Konfrontationskurs praktisch schon vor. Dabei kann man nicht oft genug betonen, dass diese Konflikte nicht unbedingt feindschaftlich ausgetragen werden. Vielmehr werden sie gemeinsam angegangen und möglichst im Sinne aller gelöst.

Ein Bereich, in dem das Wort Konflikt häufig zur Beschreibung eines Sachverhalts dient, ist eine Auseinandersetzung mit Waffengewalt. Wird Konflikt als Beschreibung gewählt, handelt es sich zumeist um Kämpfe zwischen Volksgruppen oder ganzen Nationalstaaten. Dabei kann es um ethnische Differenzen gehen, um Macht, um Ressourcen, um Religion, manchmal hat man sogar den Eindruck, dass beide Parteien gar nicht mehr so recht wissen, warum sie sich eigentlich bekriegen, wo der ursprüngliche Konflikt eigentlich liegt.

Gerade dieses Phänomen zeigt deutlich, wie wichtig es ist, das Feld und die Natur des Konflikts, am besten noch den Ursprung, zu kennen. Dies sind offenbar wichtige Voraussetzungen dafür, einen Konflikt zu lösen. Natürlich hätte auch die Auslöschung der gegnerischen Partei ein Ende des Konflikts als Folge, aber dies stellt eigentlich die schlechteste Form eines Konfliktendes dar.

3. Der Lösungsansatz

Normal sollte es sein, dass alle Beteiligten das Bestreben haben einen Konflikt bei zulegen oder aufzulösen. Dabei bieten sich grundsätzlich die Wahl zwischen einer gewaltfreien Strategie und der Anwendung von Gewalt. Hierbei ist der Übergang aber fließend, da selbst die Androhung oder Andeutung von Gewalt schon eine Form der psychischen Gewaltanwendung darstellen kann. Im Berufsleben sollte die Gewalt als Lösungsansatz eigentlich außerhalb des Kampfsports nie vorkommen, sollte man meinen. Aber wenn man bedenkt, das Gewalt nicht nur eine physische, sondern auch eine psychische Komponente hat, dann erkennt man zu seinem Leidwesen sehr schnell, dass z.b. Mobbing viel zu häufig im Arbeitsleben auftritt.

Grundsätzlich kann man sich auch entscheiden, ob man bei Lösen eines Konflikts miteinander oder gegeneinander arbeiten will. Beides kann durchaus sinnvoll und fruchtbar für die Arbeit sein, wenn sich alle an einen Rahmen halten. Die Wahl dieses Rahmens ist ein weiteres Unterscheidungsmerkmal von Lösungsansätzen. Dabei werden den Methoden der Konfliktführung gewisse Grenzen gesetzt. In wie weit sich jede Partei auch an diese Grenzen hält ist eine andere Frage und oft auch eine Ursache für eine Eskalation eines Konflikts.

4. Konflikte im Unternehmen

Zu früheren Zeiten unterschied bei Konflikten innerhalb des Unternehmens oder Organisation ob "Recht" oder "Unrecht". Dabei stand meist immer ein Konkurrenzdenken im Vordergrund. Heutzutage tragen Konflikte immer öfter zu Veränderungen bei, da unterschiedliche Meinungen und Ansichten zum Vorschein kommen. Diese kommen vor allem durch freie Meinungsäußerung, meist durch Kritiken, an die Oberfläche. Weiterhin können Fehler und Unrichtigkeiten zu Konfliktpotential führen. Ein Konflikt kann jedoch nur zu einer Weiterentwicklung im Unternehmen führen, wenn die involvierten Parteien oder Gruppen ein Einsehen haben und Konflikte anerkennen. Nur so können auch positive Resultate aus einem Konflikt entnommen werden.

5. Eskalationsmodelle

Einer der berühmtesten Konflikte und gleichzeitig wohl einer der weltweit angsteinflößendsden dürfte wohl der Konflikt zwischen Warschauer Pakt und der NATO, der sog. Kalte Krieg gewesen sein. KAHN (1965) hat eine Eskalation, die viele immer wieder befürchtet haben, in 44 Sprossen eingeteilt. Von diesen werden wir ein paar ausgewählte und bedeutende näher betrachten. Bereits sehr früh, mit Sprosse 12, stehen beide Parteien im offenen Krieg miteinander. Noch handelt sich dabei allerdings um einen rein konventionellen Krieg, d.h. der Einsatz von Massenvernichtungswaffen ist noch nicht geschehen. Doch bereits drei Sprossen später wird diese Grenze mit dem Einsatz nuklearer Waffen überschritten. Dabei sollte man allerdings beachten, dass zwischen taktischen und strategischen Sprengköpfen unterschieden wird. Erstere haben eine deutlich geringere Wirkung als z.b. eine Interkontinentalrakete und werden zur Zerstörung einzelner, militärisch besonders bedeutender Ziele verwendet und haben einen sehr beschränkten Wirkungsradius im Vergleich zu den strategischen Waffen, die ganze Städte und Landstriche verwüsten können. Das Auslöschen ganzer Städte allerdings findet, laut KAHN (1965) erst ab Sprosse 30 statt. Er nennt diese „Zeitlupen – Städtevernichtungskrieg". Hierbei werden noch einzelne Städte gezielt im einzelnen Schlagabtausch vernichtet. Ab Sprosse 40 schließlich wird möglichst jeglicher Besitz des Gegners vernichtet. Dabei wird gar nicht mehr versucht zu erobern, sondern einfach nur unbrauchbar zu machen. Sprosse 44 schließlich stellt den Spasmus – Krieg dar, die totale Vernichtung beider Seiten. Einige behaupten, dass allein die Angst vor dieser letzten Stufe den Ausbruch eines offenen Krieges verhindert hat.

Doch im Sinne des Konfliktmanagements im Beruf wenden wir uns einem Modell von GLASL (1990) zu. Er teilt die Eskalation eines Konflikts in neuen Stufen ein. (vgl. Glasl 1990, s. 145ff)

1. Stufe: Verhärtung

Beide Parteien legen sich auf ihren Standpunkt fest

2. Stufe: Polarisation und Debatte

Die Gegensätze werden herauskristallisiert und in Debatten gegeneinander angeführt und verglichen.

3. Stufe: Taten statt Worte

Eine oder mehrere beteiligte Parteien sehen in der verbalen Weiterführung des Konflikts keinen Sinn mehr und werden tätig. Das muss nicht unbedingt heißen, dass Handgreiflichkeiten gegen die jeweils andere Partei ausbrechen, aber kann schon durch das Schaffen von vollendeten Tatsachen geschehen.

4. Stufe: Sorge um Image und Koalitionsbemühungen bei Außenstehenden

Beide Parteien wissen, dass sie eine Grenze überschritten haben, bei der ein Nachgeben eine Schädigung des Ansehens zur Folge hätte. Zu viel wurde schon in die eigene Sache investiert, als dass es sich zu lohnen schiene nachzugeben. Da aber auch ein Sieg nicht unbedingt sicher erscheint bemüht man sich um Verbündete, meist sind dies Außenstehende.

5. Stufe: Gesichtsverlust

Dabei handelt es sich um die Angst, eventuell sein Image völlig zu zerstören. Gerade bei einem ausgeprägten Selbstbewusstsein oder Stolz wird oft der Untergang dem Gesichtsverlust vorgezogen. In wie weit hier die Vernunft noch eine Rolle spielt, ist mehr als fraglich.

6. Stufe: Drohstrategien

Hier wird versucht die Nachteile des Bestehens der Gegenseite auf ihrem Standpunkt weiniger attraktiv, als die vorher beschriebenen Nachteile zu machen. Dabei spielt natürlich die Glaubwürdigkeit der Drohungen eine wichtige Rolle.

7. Stufe: begrenzte Vernichtungsschläge

Auch wenn sich dies schon nach militärischen Operationen anhört, befinden wir uns hier durchaus noch im Berufsleben. Gemeint ist schlicht und ergreifend das Anrichten von Schaden beim Gegner. Damit soll häufig die Glaubhaftigkeit der Drohungen unterstrichen werden. Aber auch aufkommende Persönliche Gefühle, wie Wut oder Genugtuung können eine Rolle spielen.

8. Stufe: Zersplitterung des Gegners

Jetzt geht es darum, den Gegner zu zerlegen. Seine möglicherweise vorher gewonnen Verbündeten sollen wieder zu Außenstehenden werden oder zu neuen Gegnern für den eigenen Gegner. Der gegnerischen Partei soll so geschadet werden, dass diese handlungsunfähig wird oder aufgibt.

9. Stufe: Gemeinsam in den Abgrund

Letztendlich sind alle Beteiligten an einem Punkt angelangt, an dem es gar nicht mehr um die Lösung eines Konflikts geht, sondern darum seinen Gegner zu besiegen. Da dabei seltenst das ursprüngliche Ziel erreicht wird können beide Parteien eigentlich nur verlieren.

6. Auflösen/ Nutzen von Konflikten

Gerade im Abschnitt über die Eskalation ging es sehr stark um die Nachteile von Konflikten. Hier möchten wir nun aber noch einmal mögliche Vorteile zeigen. Dadurch z.b. dass man gezwungen ist seinen eigenen Standpunkt zu definieren, zu vertreten und zu verteidigen, kann man sehr viel über sich selber lernen. So wird einem oftmals erst in Konflikten Details von eigenen Ansichten bewusst. Man erkennt, wo eventuell noch Lücken sind, die man auffüllen will oder muss. Man lernt, wie man sich in Konflikten mit anderen verhält und im Idealfall, wie man dazu beitragen kann, einen Konflikt möglichst sachdienlich und sauber zu lösen.

Möglicherweise entdeckt man berechtigte Einwände und Zweifel am eigenen Standpunkt. Erkennt man dann früh genug, dass ein Beharren auf diesem Standpunkt nicht sinnvoll und klug ist, erweitert man seinen Horizont oder gewinnt neue Erfahrungen. Dies bringt einen selber in seiner persönlichen Entwicklung weiter, kann aber durchaus auch sehr gut für seinen beruflichen Erfahrungsschatz sein und somit karrierefördernd.

Ziel sollte es immer sein, einen Konflikt aufzulösen. Dafür gibt es verschiedene Ansätze. (vgl. Schwarz 2005, S. 263ff)

1. Die Flucht

Die Flucht ist unserer Meinung nach genau genommen keine Lösung des Konflikts. Einem Problem aus dem Weg zu gehen mag zwar die Symptome beheben, jedoch nicht die Ursache. Zur wirklichen Lösung eines Konflikts gehört unseren Erachtens nach die Behebung der Ursache. Manchmal kann es natürlich ausreichen, die Symptome allein aus der Welt zu schaffen. Fraglich ist allerdings, wann und ob dieser Konflikt nicht später wieder auflodert.

2. Die Vernichtung

Bei der Vernichtung handelt es sich um eine sehr rohe Form der Konfliktlösung. Sie besteht schlicht und einfach in der totalen Vernichtung der generischen Partei und damit auch des gegnerischen Standpunkts. Hier stellt sich allerdings die Frage, ob dies eine moralisch/ ethisch vertretbare Methode darstellt. Auch der scheinbare Erfolg ist mit Vorsicht zu genießen, denn dass sich die stärkere Partei durchsetzt, heißt ja nicht gleichzeitig, dass sich auch die bessere, zweckdienlichere Ansicht durchgesetzt hat.

3. Die Unterwerfung/ Unterordnung

Sie ist sehr ähnlich zur Vernichtung, hört allerdings schon in einem früheren Stadium auf, das eine Partei aufgibt. Geschieht dass aus Einsicht, so ist dies ein positives Ende im Sinne der Zweckdienlichkeit. Wenn dem nicht so ist, dann entstehen daraus dieselben Fragen, die aus der Vernichtung als Lösungsweg entstehen.

4. Die Delegation

Mit der Delegation ist gemeint, dass die streitenden Parteien beide oder zumindest eine Partei ihre Sache einem neutralen Vermittler anvertraut. Dies führt häufig zur Entspannung eines Konflikts und macht so eine Lösung gerade verfahrener Situationen deutlich wahrscheinlicher. Eines der bekanntesten Beispiele im Berufsleben dürfte die Vermittlung bei Tarifverhandlungen sein.

5. Der Kompromiss

Bei einem Kompromiss sehen beide Parteien des Konflikts ein, dass sie ihren eigenen Standpunkt nicht vollständig durchsetzen können oder sollten. Daher macht man Zugeständnisse an sein Gegenüber, um so wiederum eigene Vorstellungen und Ziele verwirklichen zu können.

6. Der Konsens

Der Konsens dürfte wohl die friedlichste Form der Konfliktlösung sein. Hier arbeiten beide Parteien gemeinsam an einer Lösung, statt gegeneinander. Auch dürfte diese Art der Konfliktlösung am ehesten zu einem möglichst optimalen Ziel führen. Hier ist es natürlich wichtig, eigene Interessen in den Hintergrund zu stellen und seine Anstrengungen in den Dienst der Sache zu stellen. Dies dürfte im Beruf an erster Stelle der Erfolg des Unternehmens oder im kleineren Rahmen der Abteilung sein.

7. Quellen

Bitzer/ Liebsch/ Behnert (2002): Betriebliche Konfliktlösung durch Mediation, Sauer-Verlag GmbH, Heidelberg.

Falk/ Heintel/ Krainz (2007): Handbuch Mediation und Konfliktmanagement , VS Verlag für Sozialwissenschaften/ GWV Fachvorlage GmbH, Wiesbaden.

Galtung, Johan (1998): Frieden mit friedlichen Mitteln. Friede und Konflikt, Entwicklung und Kultur, Opladen.

Glasl, Friedrich (2002): Konfliktmanagement. Ein Handbuch für Führungskräfte, Beraterinnen und Berater, Bern, Stuttgart, Wien.

Glasl, Friedrich: Konfliktmanagement. In: Meyer, Berthold (1997): Formen der Konfliktregelung. Opladen. (Leske und Budrich)

Imbusch, Peter/Zoll, Ralf [2005] (Hrsg.): Friedens- und Konfliktforschung. Eine Einführung. Lehrbuch, 3., überarbeitete Auflage, Wiesbaden.

Meyer, Berthold (1997): Formen der Konfliktregelung. Opladen. (Leske und Budrich).

Ropers, Norbert (1995): Friedliche Einmischung. Strukturen, Prozesse und Strategien zur konstruktiven Bearbeitung ethnopolitischer Konflikte. Berghof Report Nr. 1, 2005.

Schwarz, Gerhard (2005): Konfliktmanagement: Konflikte erkennen, analysieren, lösen. 7. erweiterte Auflage, Gabler Verlag, Wiesbaden.

Sommer, Gert/Fuchs, Albert [2004] (Hrsg.): Krieg und Frieden. Handbuch der Konflikt- und Friedenspsychologie, Weinheim, Basel, Berlin.